EL TRIUNFO DE AMOR DESPUÉS DE ABRIL / *José Valle Alba*

EL TRIUNFO DE AMOR DESPUÉS DE ABRIL

José Valle Alba

EL TRIUNFO DE AMOR DESPUÉS DE ABRIL

Autor-Editor:
© José Valle Alba
josevallealba@hotmail.com
Jr. Pisac 192 Dpto. 201 – Santiago de Surco
Lima – Perú

Primera edición, 2013
Tiraje: 500 ejemplares

Hecho el Depósito Legal
en la Biblioteca Nacional del Perú
Nº 2013-17542

ISBN:
978-612-00-14271

Impreso en:
PC Impresiones
Av. Tomás Marsano 3115, Int. 26,
Teléf. (511) 2731610 – Santiago de Surco
pcimpresiones_christian@hotmail.com
Lima – Perú, Diciembre, 2013

A Dios mi padre,
y a James, Romina y Valentina.

DESPUÉS DE ABRIL

La búsqueda

Eclipsada y oculta
Nunca jamás la musa
 errante y yo dormido
caminante

Soñé contigo
esperé y esperé vagabundo
una ilusión en el tiempo siempre
siempre con el velo negro bajo mis labios

Ahora quién sabe…

Y dejé mi tierra

Viajé / temerario / ansioso
Buscando en la mar
Crucé los montes
Hasta el Atlántico

Buscando tus sedas
Copiosas de amor
Pensé en tus manos
 Ocultaste tu mirada
Lloré solitario
Dejando las sabanas
Vestidas de luto
Para el mejor postor

El amor después de abril

Regresando a mi tierra
Un ángel me esperaba
 Sentado a mi lado

Los pasillos / las aulas
Todo lo que un día...
Me tomó / me miró a los ojos
Y empecé a reconocer a los ángeles

Mi primera lección

Si yo fuera un aprendiz
Y me instruyera con besos
Y un libro en la mano
Tus ojos con alma de ángel
Esa paz tenue, mujer…

Otro corazón me disipó

No era una trampa
Eras tú camuflada
Tú con otra mirada
Detrás de la foto
La cámara en mis manos

Ellos solo fueron
Las piezas que tocaron mi alma
Y yo tu corazón

Dejaste de ser anhelada
Y sin embargo el tiempo pasa...

Las Horas y los Días

El amor me anda buscando
Tu voz / tus labios
Conocen mis caminos
El vagabundo ha de fenecer.

Ahora eres tú la vagabunda
Yo el torero / me diste la pauta
Y encontré un eslabón más
Para mi amada.

Ella camuflaba una noche
 de mil vidas humanas…

La noche del amor

El ángel cogió mi mano
Me llevó por un camino oscuro
Toqué tus labios
No quise mirar
Ya estaba escrito

Abrázame siempre

Sin conocer la sangre en la batalla
Dudas cuando miro otro cielo
Cuando busco / mis manos débiles

Siempre contigo/ dos vagabundos

EL TRIUNFO

X

Sin amar
Sin el miedo que inicia la ira
Nonato de amor
Cual esfinge elegida
Cuya cúpula ensancha la ira
El paladar de los cuervos
La ruta que lleva el destino
Palmas del gran creador
Las lleva de nuevo al edén
Con sangre

Dolor de un ser
Exclusión prohibida
Tormenta en el aire
Palmas al viento

No cruces el valle
No lleves presentes
No será un rey

JOHANA

Era como estar dormidos
Jugábamos como niños
Felices
Escogías mis besos
Yo tomaba tus brazos
Girábamos dando vueltas
Como quien ha de escuchar
Las campanas

Dulce recuerdo

Tus manos mienten
Tus labios/ verdad sin voz
mirándote ausente.

Cuerpo amado

Llevo tu mar
En el fondo del nido
Llevo tu luz
Hasta la orilla prometida

Tu alma rebelde
Escudo inocente

Llevo la rosa bendita
Tu altar cautivo
De dioses perennes
De pactos eternos.

V *Para Valentina.*

Has escogido el valor
En tus ojos y en tu risa
En la vía del tiempo

Hoy corres y ríes
Mañana deja a tu amor brotar
Lucha en el camino

Siembra el valor de los guerreros
Serás fiel ante tu pueblo y tu raza
Ante tus sueños limpios

Aléjame de ti Dios

Cuando el soplo de vida
Diste en mi piel
Desperté / soñé / viví

No recuerdo la brisa / tu amor
El tiempo/ tu sangre/ tu nombre
Es dolor / es temor / también valor

Quítame el miedo quítame
La duda
Dame fuerza
Me aferro a tu cariño
No dejes morir al impío.

La Molina   ***Para mis amigos USIL***

He dejado en tus calles
Una sonrisa a medias
Pero un beso en la oscuridad

Pasos de la mano
Y manos en mis brazos
Tus besos y tu olor

En tus calles sonrisas
Así he dejado
                La Molina.

RELATOS

Algún día lloverán rosas

Cuando escuchas dentro de tu cabeza cánticos vespertinos, no concedes a la imaginación el consuelo para seguir de pie. Dentro del campo profundo las rosas no cesan de llorar, de decirte cuánto te extrañan, melancolía de un amor extraño, de un amor que no se deja ver, que puede extinguirse en el olvido, arrinconarlos a solas toda la vida y la eternidad.

No entiendes que debes encontrar en ella la verdad, debes intentar ver sus ojos siempre que el sol se pose ante tu altar, pero sin que la viuda de los balcones disipe tu alegría.

La musa sonrisa, tu boca cautiva, tus pensamientos te envuelven en un miedo de muerte, porque los sabios que no conocen la aventura crean en tu corazón dudas ante el amor.

La columna de tu vida, la apariencia de tu corazón no deja que este grito y esta aventura traspasen las fronteras de un conocimiento pasajero, sin pensar que puede ser una fantasía y miedo a lo desconocido.

Existe el miedo, pero también el ímpetu por conocer esas manos tan sencillas y perfumadas.

DESCUBRIENDO EL OTOÑO

No había ya una luna a quien adorar, el viento y la nada cubrían totalmente la ciudad, todo parecía en tinieblas; sin embargo, el bullicio era enorme, todo daba la impresión de desarrollarse con normalidad, la noche era propicia, eterna, cautelosa para cada uno de sus personajes, cada cual en su giro, buscando siempre lo adecuado para la noche.

Todos cumplían con el papel que mejor sabían desempeñar, una noche para todos, una noche inolvidable. La luna observaba, pero los minutos contaban, los ojos no se cerraban, siempre atentos, nadie sabe cuándo esos ojos dormirán, parecen vigilantes en la oscuridad.

Bajo esa sombra que cubría las calles y pasillos, una novia muy hermosa vestida de blanco, unos ojos que buscaban el oriente y una sonrisa eterna mirando el templo.

Me dije a mí mismo: "he llegado al puerto del país elegido", ya era hora de regresar, porque el corazón había expulsado la ira y el temor.

RELATO II

Habían pasado muchos años desde la última batalla, el último guerrero estaba ya sostenido por el amor de una dama y su vida había cambiado, los destellos de la guerra no eran más que sueños, recuerdos de un pasado que no volverá.

Durante muchas noches, aquel guerrero sin dormir pensaba en las calles oscuras, en esos ojos, en esa lucha...

Todos los sueños y profecías debieron cumplirse... el hombre que ahora era un poeta abandonó un camino vacío y solitario por un amor dulce como la miel.

ÍNDICE

Después de Abril

La búsqueda	11
Y dejé mi tierra	13
El amor después de abril	15
Mi primera lección	17
Otro corazón me disipó	19
Las Horas y los Días	21
La noche del amor	23
Abrázame siempre	25

El Triunfo

X	29
JOHANA	31
Dulce recuerdo	33
Cuerpo amado	35
V	37
Aléjame de ti Dios	39
La Molina	41

Relatos

Algún día lloverán rosas	45
Descubriendo el otoño	47
Relato II	49

www.ingramcontent.com/pod-product-compliance
Lightning Source LLC
Chambersburg PA
CBHW072039060426
42449CB00010BA/2340